Hamburg-Eimsbüttel

Arndt Prenzel

HAMBURG-EIMSBÜTTEL

Wartberg Verlag

1. Auflage 2003

Satz und Layout: Typographische Dienste U. Weiss, Borken (Hessen)
Druck: Bernecker, Melsungen
Buchbinderische Verarbeitung: Buchbinderei Büge, Celle
Gesamtherstellung Wartberg Verlag GmbH & Co. KG
34281 Gudensberg-Gleichen, Im Wiesental 1
Telefon (0 56 03) 9 30 50
www.wartberg-verlag.de
ISBN 3-8313-1392-X

Eimsbüttel
wie es einmal war

Das war das 20. Jahrhundert
in Eimsbüttel

Ein moderner, liebenswerter
Stadtteil Hamburgs

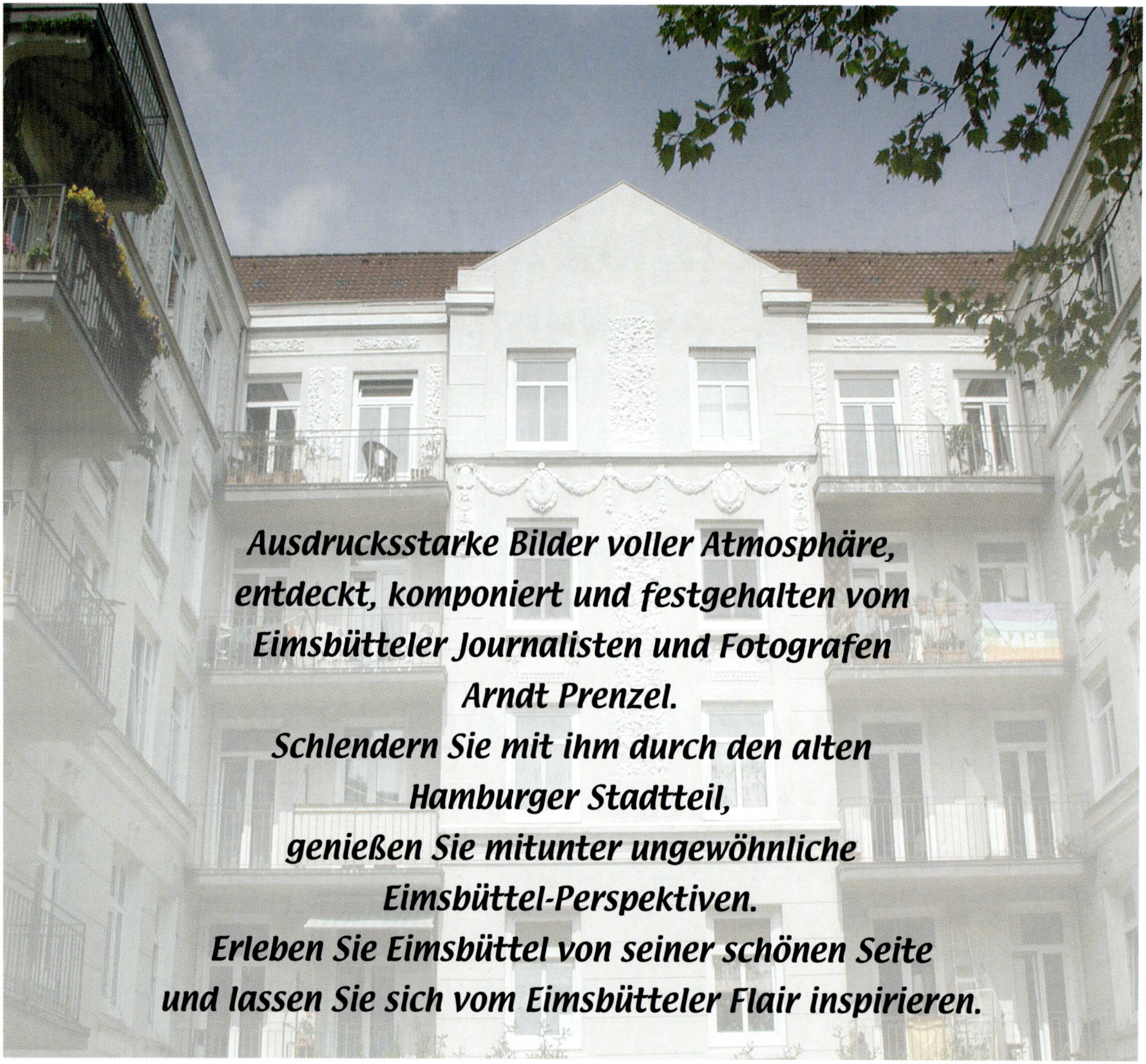

*Ausdrucksstarke Bilder voller Atmosphäre,
entdeckt, komponiert und festgehalten vom
Eimsbütteler Journalisten und Fotografen
Arndt Prenzel.
Schlendern Sie mit ihm durch den alten
Hamburger Stadtteil,
genießen Sie mitunter ungewöhnliche
Eimsbüttel-Perspektiven.
Erleben Sie Eimsbüttel von seiner schönen Seite
und lassen Sie sich vom Eimsbütteler Flair inspirieren.*

Das Dörfchen **Eymersbuttele** wird **1275** zum ersten Mal urkundlich erwähnt. Die Herren Heynreich und Meynrich, die Edlen von Heynbroke, verkauften „eine Hufe" – eine Fläche von sieben bis zehn Hektar – an das Kloster Herwardeshude, das sich damals noch am Pinnasberg befand. Die Heynbrokes waren den berühmten Schauenburgern durchaus ebenbürtig, ihnen gehörte viel Land rechtsseitig der Elbe. Wahrscheinlich hatten sie es vorher vom Grafen von Stade erworben.

1339 verkaufte Adolf VII., Graf von Holstein, Stormarn und Schauenburg, das ganze Dorf Eymersbuttele mit allen Ländereien, Gebäuden und Häusern an das Kloster Herwardeshude. Die Bewohner wurden gleich mitverkauft - sie waren Leibeigene! Ganze 300 Mark Hamburger Pfennige kostete Eymersbuttele damals. Es bestand aus insgesamt drei Vollhufen, vier Kätnerhöfe mit zwei Brinksitzerstellen auf einer Gesamtfläche von 289,51 Hektar.
Die Acker lagen auf dem Osterkamp zwischen dem heutigen Eppendorfer Weg und dem Heussweg – danach kam zum Isebek Morast. Auch rund um den Müggenkamp waren Felder zu finden. Kleinere Ackerteile gab es bei den Kätnerhöfen Kroeberg und Lastrop und auf dem Schulkamp.

1560 lässt das **Kloster bei Eimsbüttel** eine Schäferei anlegen – diese Gegend heißt natürlich Schäferkamp. Die Grenzen des alten Eimsbüttel lagen im Norden und Westen bei den alten Landesgrenzen – Stellingen gehörte wie Altona noch lange nicht dazu, im Süden war es der Isebek und zum Osten hin die Ottersbek.
Das hört sich 1599 so an: **„Eymersbüttell: „de Shedung der ende geit an vom Isenbecke an norden beth tho stenvort beth tho ottersbecke..."**

Zu den vier Kätnerhöfen kam **1617** ein fünfter hinzu. Eimsbüttel hatte keine Kirche, keinen rechten Dorfmittelpunkt. Nicht einmal eine Vogelstange gab es! Wenn die Eimsbütteler zur Kirche wollten, mussten sie bis nach Eppendorf tapern. Der Verlauf des Kirchenweges ging vom Schulweg über Im Gehölz, die Gärtnerstraße und den Abendrothsweg.

Ärger gab es mit den dänischen Nachbarn: Immer wieder wurden die Grenzpfähle umgesetzt. Grenzberichtigungen werden unter anderem **1679** und **1687** erwähnt.

1686 gab es zum ersten Mal richtig Zoff mit den Dänen. König Christian der V. zog mit 16 000 Mann Richtung Hamburg, um die „Erbhuldigung“ zu erzwingen. In Eimsbüttel ließen sich die dänischen Soldaten nieder. Die Schlacht tobte an der Sternschanze vom 21. bis 25. August, es gab über 1000 Verwundete und Tote. Die Dänen zogen wieder ab.

1705 wurde auf dänischem Gebiet **„unweit Eimeßbüttell“** eine Mühle gebaut. Die Bauern in Eimsbüttel befürchteten, dass ihnen fließendes Wasser für ihr Vieh fehlen würde. Doch dies war kein Anlass für den nächsten Krieg. 1693 hatte Eimsbüttel seine erste Schule erhalten. Das kleine strohgedeckte Haus stand noch bis 1887 an der Ecke Osterstraße /Schulweg.

Wer nach Eimsbüttel zog, musste **„bey Ihro Magnif. dem Herrn Bürgermeister daß Unterthanen Eid ablegen“** (1734).

Mittlerweile waren auch die ersten Handwerker da, eine Schmiede wird erwähnt. Und die reichen Hamburger entdeckten Eimsbüttel als Lustdorf. Am Doormannsweg hatte der **Weinhändler Doormann** sein Anwesen, das Gartenhaus befand sich am Eingang zum Gehölz.

Dem Doormann-Besitztum gegenüber lag der Eingang zum **Restaurant „Heußhof“**. Unter den Stammgästen waren die Vertreter der feinen Hamburger Gesellschaft, aber auch französische Emigranten. Vom guten Leben im **„Lustdorf“** spürten die einfachen Bürger wenig:

Für die Eimsbütteler Untertanen hatten die zahlreichen Vorschriften des **Nonnenklosters** Gültigkeit: Bei Hochzeiten, Kindstaufen und Fenstervierschmäusen durften nicht mehr als sechs Fässer ausgeschenkt werden. Wer sich nicht daran hielt, der durfte die gleiche Zahl an vollen Fässern zahlen. Auch die **„sodomitisch liederlichen Maßlosigkeiten“** wurden hart geahndet.

Seit Dezember 1810 hatten die Franzosen Hamburg besetzt. **1812** waren die Franzosen in Russland geschlagen worden, sogar Hamburg war von den Kosaken befreit worden. Doch schon **1813** wurde Hamburg zurückerobert. Die Besatzungszeit war hart. Wer sich nicht ausreichend mit Proviant ausstatten konnte, wurde aus der Stadt gejagt! Der Oberbefehlshaber Marschall Davout kannte keine Gnade. Sein nächster Beschluss hatte für Eimsbüttel verheerende Folgen: Um ein besseres Schussfeld für die Verteidigung an der Sternschanze zu haben, wollte er das Dorf niederbrennen lassen.
Das Ungeheuerliche geschieht: **Eimsbüttel steht in Flammen** – nur zwei Gebäude bleiben stehen. Ausgerechnet der **„Heußhof“**, beliebtes Ziel der Franzosen, wird verschont – und das Hauptgebäude des früheren Vollhofes, das dem **Bürgermeister Christian Matthias Schröder** gehörte.

Am 30. Mai 1814 zogen die Franzosen endlich ab, die Eimsbütteler Bürger durften ihr Dorf wieder aufbauen. Die Vollhöfe Hinsch und Schacht – beide am heutigen Heußweg gelegen – entstanden neu. Und Witwe Hinsch ließ drei gefundene Kanonenkugeln als Mahnung einmauern.

Nach dem Abzug der Fanzosen wurde das Polizeiwesen neu geordnet. „Polizey-Diener“ waren tagsüber unterwegs. Gegen „Vagabonde“ wurden auch berittene Constabler eingesetzt. Ein Patrouillenritt durch Eimsbüttel dauerte rund drei Stunden. Die Wache Nummer 16 lag im Eppendorfer Weg. Der Dienst dauerte noch sechzehn Stunden, es gab Stehposten an Kreuzungen. Mit Pickelhaube und Säbel war der Polizist eine echte Respektsperson. Alles wurde reglementiert. Decken durfte man nur bis morgens um 9 Uhr ausklopfen, die Verunreinigung der Torwege war verboten.

1825 zählte man 364 Bürger, es gab 43 Eigner und 87 Feuerstellen.

1830 wurde endlich das neue Schulhaus errichtet. Es genügte bald nicht mehr den Bedürfnissen. Doch ein weiterer Neubau ließ auf sich warten.

Wie kam man nach Eimsbüttel?
Die Straße führte vom Millerntor durch das Schulterblatt weiter.

1832 wurde am Isebek ein Chausseehaus errichtet. Die Straße ging um die Westseite des Dorfes herum und fand Anschluss an der Landstraße nach Langenfelde. Sonntagnachmittags konnte man sich mit einem Stuhlwagen nach Eimsbüttel bringen lassen.

1840 war **J. F. H. Witt** der große Verkehrserneuerer: Er ließ den allerersten **Omnibus** – von Pferden gezogen – nach Eimsbüttel fahren: Natürlich nur im Sommer – Eimsbüttel war etwas für Sommerfrischler! Rund 40 Minuten dauerte die Fahrt von Hamburg nach Eimsbüttel.

1845 war Eimsbüttel noch eine Dorfschaft, doch dies änderte sich in der Folgezeit schnell. Ein Grund, um eine richtige **Pferdebahn** einzurichten. Ganz Eimsbüttel war beflaggt, als **1868** die Probefahrt absolviert wurde. Rauchen war natürlich nicht erlaubt!

1871 bekam Eimsbüttel seinen allerersten **Distriktsarzt**, auch erhielt der **Apotheker Ulrich** seine Konzession. Er fand kein Haus und musste sich am Schlump niederlassen.

1872 wurde mit einem Umzug der neue Schulbau in der Osterstraße gefeiert. Die Schülerzahlen stiegen so rasant wie die Einwohnerzahlen.

1878 zog die **1870** gegründete **Berufsfeuerwehr** in die Feuerwache IV in der Louisenstraße (Sedanstraße).

1890 hatte der Vorort Eimsbüttel schon 46150 Einwohner – und die wollten auch befördert werden. So gab es schon **1894** die **erste elektrische Straßenbahn**, die nach Eimsbüttel fuhr. Doch man plante bereits weiter: Die Straßenbahn sollte unter der Erde verschwinden. Dafür holzte man den

Baumbestand zwischen Osterstraße und Eichenstraße im Heußweg ab.

Die Einwohner Eimsbüttels wollten natürlich auch baden. Die Volksbadeanstalt in der Hohen Weide wurde **1895** eingeweiht.

Eimsbüttels gute Luft lockte die Mediziner: **1895** kam der Dermatologe **Dr. Paul Gerson Unna** nach Eimsbüttel.

1905 richtete **Dr. Lienau** am Weiher seine hochmoderne Klinik **„Sanatorium und Nervenheilstätte Eichenhain“** ein.

Viele Bürger – großer Durst! Im Schanzenpark wurde **1907–1910** der berühmte **Wasserturm von Lindley** erbaut. 59 Meter ist er hoch, der sechseckige Grundriss hat mit 32 Meter einen großen Durchmesser.

Das war das 20. Jahrhundert in Eimsbüttel

Das Jahrhundert hatte ruhig begonnen. Mehr und mehr bekam auch das Vergnügen neben der Arbeit ein Gewicht.

Ein Ziel für viele Hamburger Bürger war **Hagenbecks Tierpark**.

1907 wurde **„Carl Hagenbecks Tierpark“** in Stellingen eröffnet. Dorthin kam man auch zu Fuß, die Hagenbeckstraße war noch ein Feldweg.
Das **Etablissement „Belle-Alliance“** im Schulterblatt hatte einen 1000 qm großen Tanzsaal, man konnte Photographien betrachten.

1908 war das **„Belle-Alliance“** das größte Kino in Hamburg. Nicht weit davon entfernt befand sich das **Konzerthaus „Flora“**.

Schon in den Jahrhunderten davor hatte Eimsbüttel bekannte Gaststätten wie den **„Glückskeller“** am Müggenkamp – hier konnte man Lose erstehen. Berühmt war auch der **Sottorfsche Salon** an der Ecke Emilienstraße und Eimsbütteler Chaussee, die früher bis hierher verlief. **„Mariannenruh“** mit der sensationellen schönen Marianne lag in Langenfelde. Sie machte alle Männer in Hamburg und Umgebung verrückt, sogar **Heinrich Heine** war von ihr beeindruckt.

1909/10 entstand die **St.-Bonifatius-Kirche** Am Weiher.

Mit Beginn der Industrialisierung wurde Eimsbüttel dicht und dichter bebaut. Die beiden **Bauernhöfe** am Heußweg sind nur noch ein Relikt.
1911 erfolgt der **Abriss des Hinschhofes**.

1912 gewinnt **Hans Liesche** für den Eimsbütteler Turnverband eine silberne Medaille in Stockholm. Es

soll nicht die letzte Medaille für den ETV sein: alsbald kommen Deutscher Meister, Europameister und Olympiasieger auch aus Eimsbüttel.

Die **Oberrealschule** – heute das **Gymnasium Kaiser-Friedrich-Ufer** – wird nach Entwürfen von Albert Erbe erbaut.

1913 fährt die erste U-Bahn auf der Strecke Schlump und Hellkamp.

1914 bricht der **Erste Weltkrieg** aus, kurz vorher war der Kaiser noch durch Eimsbüttel gefahren – überall hatte man ihm zugejubelt.

Aus den Schulen wurden Lazarette, die Not wurde in den letzten Kriegsjahren immer größer. Der Bebauungsplan für das **Schlankreyegebiet** wurde auf Eis gelegt und erst zehn Jahre später konnte die Gesamtwohnhausanlage vollendet werden.

1920 zählte Eimsbüttel rund **125 000 Einwohner.**

1926 wurde das **Postgebäude** Emilienstraße feierlich eingeweiht.

1927 wurde der erste **„Park für das Volk“ – der Wehbers Park** – als vorbildliche Erholungsstätte eröffnet.

Seit 1930 hat man das Gebiet östlich des Heußweges an der Fruchtallee mit Wohnbauten versehen.

1933 wurde **Hitlers Machtergreifung** mit einem Fackelzug durch die **Schlankreye** gefeiert.

Ab 1936 ist das **Freibad Kaiser-Friedrich-Ufer** neues Ziel der Sonnenanbeter und Wasserratten.

1943 wurden fast 50% des Eimsbütteler Wohnungsbestandes vernichtet. Auch die alte Bethlehemkirche in der Gärtnerstraße fiel den Bomben zum Opfer und wird dort nicht wieder errichtet.

Nach dem Generalbebauungsplan von **1947** erfolgte der **Wiederaufbau**.

1949 gibt es die erste **Bezirksversammlung** in Eimsbüttel.

1953 konnte die restaurierte **Christuskirche** wieder für Gottesdienste genutzt werden.

1957 ärgerte man sich über das Rinnsal des Isebek (der Eisenbach) und gibt damit den Anstoß zur **vollständigen Verrohrung**.

1965 wird das **Hamburg-Haus** eingeweiht – eine neue Form der Begegnungsstätte.

1977 brannte die **Apostelkirche**. Der Turm fehlt – ein Wahrzeichen gibt es nicht mehr. Man nutzte die Gelegenheit, ein modernes Gemeindezentrum zu errichten.

1982 wird der **hundertjährige Geburtstag der Weltfima Beiersdorf** gefeiert.

1988 wurde am **Isebek-Kanal** eine **Sauerstoffanlage** installiert.

1995 trat die **Soziale Erhaltungsverordnung** in Kraft. Damit werden die Mieter besser geschützt.

1998 öffnete das **„Haus der Zukunft"** seine Pforten in der Osterstraße.

1999 gründete sich die **Aktiongemeinschaft Quartier Osterstraße**, ein Zusammenschluss der Kaufleute und anderer Institutionen wie Kirche oder Bürgerverein.

2003 wird Karstadt Eimsbüttel 100 Jahre alt. Glückwunsch!

Freibad Kaiser-Friedrich-Ufer („Kaifu"), der Sommertreff der Eimsbütteler

Michaelis-Krankenhaus am Weiher

St.-Johannis-Haus, repräsentatives Etagenhaus in der Schäferkampsallee

Büste des Dichters Gustav Falke (Kopfgebäude eines Wohnblocks in der Gustav-Falke-Straße)

Maritime Architektur aus den 90er Jahren an der Schäferkampsallee

Bootshaus-Idylle am Isebek-Kanal

Typisches Altbau-Quartier am Eppendorfer Weg/Ecke Tornquiststraße

Sommerzeit an der Villa im Park am Else-Rauch-Platz

Russisch-Orthodoxe Kirche in der Hagenbeckstraße

General von der Tann blickt in die nach ihm benannte Straße im Generalsviertel

Hochhaus der Lenzsiedlung

Preisgekrönte „Hamburger Burg“ am Stellinger Weg

Weinstube Lehmitz in der Faberstraße, eine Institution im Stadtteil

Apostelkirche, Eimsbüttels Wahrzeichen – auch ohne den 1977 abgebrannten Turm

Frühstück im Freien an der Ecke Rellinger Straße/Armbruststraße

Mittagsstündchen auf dem Balkon in der Grundstraße

Diese Kuh weidet zeitweise in der Sartoriusstraße

Wie bei Janosch zu Hause – Bunt bemaltes Garagentor in der Sillemstraße

Spaziergang auf dem Eimsbütteler „Broadway" Osterstraße

Biergarten am Heußweg

Kleine Pause im Eimsbütteler Park am Weiher

Ausflug nach Balkonien am Heußweg

Traditionsgeschäft für Berufsbekleidung Heinrich Holdorf

Ecke Osterstraße/Schulweg, Blickrichtung stadtauswärts

Sommerfrische beim Eiscafé am Isebek-Kanal

Staatliche Berufs- und Gewerbeschule an der Bundesstraße

Backstein in Reih' und Glied. 50er-Jahre-Bebauung im Eppendorfer Weg

Grün wohin das Auge schaut – Wohnblock in der Goebenstraße

Firmenzentrale der Beiersdorf AG in der Unnastraße

Frühere Realschule am Weidenstieg

Künstlerhaus in der Weidenallee

Kuppel der Kapelle im Schröderstift

Alte Volksschule am Moorkamp – ein Relikt aus vergangenen Tagen

Grindelhochhäuser – nach der Fertigstellung in den 50er Jahren Europas modernstes Hochhausensemble – von hier aus wird Eimsbüttel regiert

Figur als dekoratives Element an der Hohen Weide

Christuskirche – Ornamente über Eingang

Christuskirche, Eimsbüttels erste eigene Kirche

Fabrikschornstein Hinterhof Weidenallee

Windräder an der Osterstraße

Café unter den Linden

Neubau in Stahlbeton an der Juliusstraße

Das Haus der Zukunft, 1998 nach baubiologischen Grundsätzen umgebaut

Fenster im Detail in der Heymannstraße

Handelsschule Schlankreye, Beispiel für das „Neue Bauen“ (1928/29)

Stadtvilla in der Koopstraße

Eimsbüttels „Weißes Haus“ in der Koopstraße

Typisches Terrassenhaus beim Schlump

Emilie-Wüstenfeld-Gymnasium, Bundesstraße/Gustav-Falke-Straße

„Der Dampfer" am Isebek-Kanal

„Die Wabe" – Schul-Neubau am Gymnasium Kaiser-Friedrich-Ufer

Reform-Architektur in der Osterstraße

Gemüseladen am Heußweg

Das wilhelminische Zeitalter manifestiert sich in der Eichenstraße

Backsteinarchitektur der 50er Jahre in der Eichenstraße

Großbürgerliche Wohngegend am Weiher

Bunker am Heußweg/Unnastraße nach dem Umbau

Fischer und seine Frau – Figuren an der Eichenstraße

Der Tabak-Mann Gerd Jansen

„Gedrucktes aus allen Zeiten“ im Sammlerhaus Engel

Wasser-Göttin an der Hauswand in der Sartoriusstraße

Der Verlauf des Isebek-Kanals wird bunt markiert

Wandbild in der Margaretenstraße

Karstadt

Karstadt

Karstadt – das Stadtteil-Zentrum in Eimsbüttel. Hier kauft man nicht nur bestens ein. Man trifft sich, oft auch zufällig, wie auf einem Dorfplatz, bummelt gemeinsam durch das einladende Themenhaus an der Osterstraße

Turm des Finanzamtes in der Monetastraße

Die neue Karl-Schneider-Passage (2000 erbaut)

Beliebt: der Wochenmarkt in der Grundstraße

Schule in der Lutterothstraße – ein „Schulschloss" für Grundschüler

Bunker mit Schleife in der Müggenkampstraße - Kunstaktion im Mai 2003

Idylle am Weiher

„Der Würfel" – Neubau an der Bismarckstraße mit Farbtupfern

Moderner Eckbau am Eppendorfer Weg/Eichenstraße

Das älteste Gebäude in Eimsbüttel, der legendäre Heußhof

Backstein dominiert wieder in den 90er Jahren in der Osterstraße

Dezenter Hinweis auf ein Weingeschäft in der Osterstraße

Eckhaus am Glückstädter Platz mit Blumenpracht

Iduna-Platz mit Hochhaus

Wolkenstürmer – Drachen an einer Hauswand am Schulweg

Ein Schmuckstück – das Afrika-Haus in der Roonstraße